UN MOT

SUR LES ARRESTATIONS DU DUC D'ENGHIEN ET DES GÉNÉRAUX PICHEGRU ET MOREAU,

ET

RÉPONSE aux calomnies imprimées et accréditées par J.-R. MÉRAND, *contre* C. DE FRÉMAYEL ;

SUIVIS *de l'ouvrage de* M. DENAIN , *intitulé :* DE L'ESPRIT PUBLIC EN FRANCE, *depuis la déclaration du Roi du 2 mai 1814.*

Lorsque l'Europe aura un code, le sort du calomniateur y sera celui de l'homicide. (*La Moignon-de-Malesherbes.*)

J'AI achevé, à la fin d'avril dernier, un manuscrit intitulé : *Procès de Louis XVI, du duc d'Enghien, des généraux Moreau et Pichegru, et de MM. de Polignac, de Rivière, George Cadoudal, Leridan , Lemercier et Cadoudal le jeune.* Mon travail a été soumis à plusieurs gens de lettres qui m'ont gratifié de leur critique ; j'avais consulté des jurisconsultes distingués et des publicistes profonds. J'allais livrer mon travail à l'impression , lorsque je fus prévenu que M. *Montjoie* se proposait de publier une *Nouvelle Histoire de la Révolution;* que M. de *Foulaines* donnait une seconde édition de sa *Défense préliminaire de Louis XVI,* et de son ouvrage intitulé : *Réflexions d'un publiciste sur l'ordre d'arrêter Mgr. L.-A.-H. de Bourbon-Condé, duc d'Enghien, et sur celui de traduire S. A. S. devant une commission militaire spéciale.* On venait d'annoncer que M. de *Barruel-Beauvert* faisait imprimer ses *Lettres sur quelques particularités secrètes de l'Histoire, pendant l'interrègne des Bourbons.* La réputation de ces trois Écrivains me porta à différer. Je me dis : Leurs idées rectifieront les miennes , et l'authenticité des faits qu'ils avancent confirmera ce que j'exprime avec moins d'intérêt, mais avec autant de vérité.

A quoi l'honnête homme n'est-il pas exposé ! pouvais-je prévoir

a

qu'une juste méfiance de mes forces fournirait à un fourbe le moyen de me calomnier sur mes intentions, de nier le talent de M. *M. Méjan,* et de travestir le *vote* de M. *Dubois-Dubais?*

M. *Mérand* vient d'imprimer « qu'à mon retour d'émigration, la » misère m'avait réduit à me faire employer par *Desmarets,* près *Veyrat* » et *Réal* ».

Il est vrai qu'en rentrant en France, j'étais dans un entier, dénuement. Je ne trouvai d'appui que dans M. de *Foulaines,* ancien magistrat, et M. *Dermey,* négociant. M. *Dermey* me donna un logement et sa table. M. de *Foulaines* m'employa à copier une partie des immenses matériaux de son *Code des Prises et du Commerce de Terre et de Mer* (1). M. de *Foulaines* me donnait 1500 francs par an et quelques gratifications. Ces ressources m'ont mis à même de faire honneur à mes dettes et d'aider des infortunés qui, en arrivant de l'étranger, n'avaient pas trouvé, comme moi, des moyens d'existence.

Il est pénible de parler de soi ; mais lorsqu'on est l'objet de la calomnie, il est permis de produire les titres qui la réduisent au silence.

M. *Plumard-de-Rieux* (2), dont on connaît le stoïque attachement à la Maison de *Bourbon,* peut attester la moralité de MM. de *Beauferne* et de *Sussy ;* je copie leurs expressions :

« M. de *Frémayel* m'a aidé de sa bourse à mon retour d'émigration. Il a été » au-devant de tous mes besoins, et peu fortuné lui-même, ses offres m'ont » évité l'embarras d'une demande... F. REDON-DE-BEAUFERNE... »

« Personne n'a été plus inviolablement attaché aux *Bourbons* que M. de *Fré-* » *mayel.* En rentrant en France, il a préféré le rôle de copiste à celui brillant » que lui offrait l'usurpateur ; il a cru qu'un gentilhomme qui servait dans les » antichambres de *Buonaparte* s'armait contre *Louis XVIII.* M. de *Frémayel* a » pris sur ses besoins de première nécessité pour soutenir les victimes de l'hon- » neur. Il a mis tout en œuvre pour faire sortir M. de *Barruel-Beauvert* de la » tour du Temple. La reconnaissance m'impose le devoir bien doux de déclarer » que j'ai été l'objet de ses sacrifices, et qu'il a des droits à la gratitude de » plusieurs émigrés, qui lui ont rendu le même témoignage en ma présence. » HAMMOND-DE-SUSSY. »

Si j'avais la jouissance de secourir ceux qui pensaient comme moi, la *misère* ne *m'avait* donc pas *réduit* au plus vil métier. Un gentilhomme travaille à journée chez un jardinier, mais il ne se fait point l'agent d'individus qu'il avait intérêt de fuir.

Le sous-diacre *Desmarets,* boursier à Louis-le-Grand, y avait connu mes opinions ; il s'était procuré la preuve que j'avais travaillé à

---

(1) 2 vol. in-4°., à Paris, chez *Valade,* rue Coquillière. — 1804.
(2) Ancien officier au régiment de Bassigny, dédoublement d'Aunis.

l'Ami du Roi, par l'abbé *Royou*; et que la *Défense préliminaire de Louis XVI* (1), par M. de *Foulaines*, était entièrement écrite de ma main. *Desmarets* m'avait signalé à *Réal*, à *Dubois* et à *Veyrat*; et quoique mon existence dépendît des bienfaits de M. de *Foulaines*, je me cachais de mes rapports avec lui, parce que je savais qu'il était sous les griffes de la police, et qu'on ne lui pardonnait ni son dévouement à Avesnes (2), ni sa *Défense préliminaire* (3), ni ses *Réflexions sur le projet d'arrêter M. le duc d'Enghien* (4).

M. de *Foulaines* m'aurait-il employé près de lui, s'il n'eût pas connu mes principes? comment aurais-je pu avoir des rapports avec la police? J'entrais à l'hôtel de Gèvre (5) à 6 heures du matin; je m'absentais à quatre; je rentrais à 6 et ne sortais qu'à 10, et plus souvent à 11; tous les jours et dans toutes les saisons mon exactitude était la même. Je connaissais le caractère de M. de *Foulaines*; j'étais sûr de perdre la bienveillance de M. *Dermey*, si je déplaisais à un publiciste qui a préféré une existence errante et malheureuse aux emplois que *Buonaparte* ne pouvait refuser à un travailleur infatigable, au neveu d'un de ses Ministres (6), au père de trois enfans en bas âge, au proche parent de plusieurs puissances et à l'auteur de nombreux ouvrages estimés. Pouvais-je m'exposer à perdre le certain pour l'incertain? mon existence était assurée chez M. de *Foulaines*, qui connaissait tellement mon attachement à M. le duc d'*Enghien*, qu'il me fit la confidence le 26 février 1804, « que les régicides avaient conseillé à *Buona-*
» *parte* de faire arrêter ce Prince à Ettenheim; qu'il venait de préparer
» les matériaux d'un ouvrage intitulé : *Réflexions d'un publiciste sur*
» *l'ordre de fusiller* S. A S.; qu'il fallait que je copiât ou fît copier deux
» cents exemplaires d'une circulaire pour les personnages les plus mar-

---

(1) Publiée le 24 décembre 1792, et imprimée par *Dessirier* et *Lottin*.

(2) *Voyez* E.-J.-M. Denain, *De l'esprit public en France, depuis la déclaration du Roi, du 2 mai* 1814, pag. 28.

(3) *Ibid*, pag. 21, Lettre de M. *Guélon-Marc* à M. de *Foulaines*, et lettre de M. de *La Moignon-Malesherbes* à M. *Guélon-Marc*, pag. 25, ligne 14. R. *Duboucher-de-Carondeley*, dans l'ouvrage intitulé : *Quelques idées sur la Religion, la Morale, la Constitution de* 1814, *la Loi* Habeas corpus, *les Lettres de Grâce, de Commutation, de Peine et de Révision, et la nécessité d'Opposer les exemples de Vertu au scandale du vice.* [Les ouvrages de MM. *Denain* et *Carondeley* se trouvent à Paris, chez *Petit*, libraire, Palais-Royal, galerie de Bois, n°. 257.]

(4) *Voyez* l'ouvrage précité de M. *Denain*, pag. 21, 31, 33, 35 et 38.

(5) Alors occupé par M. de *Foulaines*.

(6) Le Comte d'*Anna*, conseiller d'Etat, général de division, à Milan.

(iv)

» quans d'outre Rhin, et principalement pour la Princesse *Charlotte*
» de *Rohan-Rochefort* ».

Je ne fis pas ces copies, mais je les fis faire, et j'y apposai un
cachet, qui prouvait aux royalistes de qui venait l'avertissement. Ce
cachet était le même que celui apposé sur tous les exemplaires de la
Défense préliminaire de Louis XVI.

MM. *Dessirier* et *Lottin*, imprimeurs, existent; ils peuvent attester
que je secondai de tout mon pouvoir le Baron de *Vassault-Parfondu*,
les Chevaliers de *Mussan* et *Le Meneust-de-Boisjouant*, MM. de *Roy-
d'Auffremont-Mauroy*, *Plumard-de-Rieux*, et *Guélon-Marc* (1), à
l'époque de la mise en jugement du Roi, et à celle où le bruit trans-
pira que *Buonaparte* envoyait un de ses aides-de-camp pour arrêter
M. le duc d'*Enghien*.

C'est ici que doit se trouver une pièce qui n'a été imprimée que dans
la juste réclamation de M. *Gardé* : « Je déclare que deux jours avant
» le départ de M. de *Caulincourt*, pour effectuer, conjointement avec
» le général *Ordener* et les espions *Joliot* et *Barrit*, l'arrestation de M. le
» duc d'*Enghien*, MM. *Boisjouant*, *Plumard-de-Rieux*, *G.-J. Jouet*,
» *L.-J. Gardé* et *Guélon-Marc* furent désignés par les personnes les
» plus attachées aux maisons de *Condé* et de *Rohan*, pour se rendre
» près la Princesse *Charlotte*, le duc d'*Enghien* et les électeurs de Bade
» et de Wurtemberg, pour les prévenir *que des gendarmes et des es-
» pions devaient, pendant la nuit, passer le Rhin et s'emparer de
» M. le duc d'*Enghien et de tous les émigrés retirés dans les environs
» d'Ettenheim.* Si MM. de *Boisjouant*, de *Rieux*, *Jouet*, *Le Hoguais*,
» *Gardé* et *Guélon-Marc* ne firent pas le voyage, c'est que de faux ren-
» seignemens adressés par le baron *Greinstein*, donnèrent le change
» à MM. de *Carondeley*, de *Foulaines* et à moi; si on eût pu utiliser
» ces courageux royalistés, la France ne regretterait pas le digne hé-
» ritier de tant de Héros.

» Paris, ce 9 août 1814.

» G. Danti-de-Villeneuve ».

M. *Mérand* a sans doute plus fait dans les intérêts des jacobins et

---

(1) « C'est lui qui, le 16 décembre 1792, offrait sa tête pour celle du meilleur des
» Rois; c'est à lui que *Louis XVIII* dit, le 2 juin 1814 : Le chef d'une nation
» généreuse ne peut vous oublier; votre nom est immortel. » [Exposé des moyens
employés par *Buonaparte* pour usurper la couronne d'Espagne, par dom Pedro
Cevallos, avec des notes de M. de *Foulaines*, p. 162, 177 et 181 dans la 3ᵉ. édition; Mémoire de J.-J.-L. *Daniel*, pag. 31; de l'Esprit public en France, par
E.-J.-M. *Denain*, pag. 21 et suiv.]

de tous les partisans cachés du Corse que je n'ai eu le bonheur de faire pour le retour des *Bourbons;* mais j'ai la preuve que je n'ai jamais manqué aux occasions, et qu'elles seules m'ont manqué par suite d'une longue et pénible détention. Le prétendu littérateur, qui traite des *personnes* et des *choses*, devrait *connaître les choses* et *savoir définir* les *personnes.* Il me reproche « de n'avoir pas fait appuyer par M. de » *Condorcet* la lettre de M. *Guélon-Marc*, du 16 décembre 1792 » : J'étais alors pensionnaire de la nation dans un bicêtre. Il débite de grosses injures à M. *Denain*, sous prétexte « que M. *Guélon-Marc* » n'a pu faire allusion le 16 décembre à la *Défense préliminaire* qui ne » fut publiée que le 24 du même mois ». Il ignore que M. de *Fou-laines* adressait à Troyes, à son ami, les pages manuscrites au fur et mesure qu'il les composait. Il ajoute « que si la *Défense préliminaire* » eût mérité les regards du Roi et de son ancien ministre, M. de » *Malesherbes* en eût nommé l'Auteur dans sa réponse du 28 dé- » cembre ». Il n'a pas nommé MM. *Desèze* et *Tronchet*, parce que la qualification de *collaborateurs* suffisait pour signaler deux hommes dont les noms étaient déjà immortels; prononcer alors le nom de l'*Auteur* de la *Défense préliminaire*, c'était l'envoyer à l'échafaud, parce qu'il était sans mission, et que son discours contenait, page 5 du manuscrit, ce reproche le plus injurieux contre des juges; « Le décret » de mort fut porté dans les assemblées électorales, et ce vote anticipé » devint le gage de votre nomination ».

N'est-ce pas le même M. *Mérand* qui, pour jeter de la défaveur sur moi, observe charitablement « que M. de *Frémayel* en a imposé, en disant « que M. de *Rieux* avait fait connaître la *Défense préliminaire* » de *Louis XVI* à Saint-Malo; que la comtesse de *Jaucourt* n'avait » que deux fils du premier lit, et que tous deux servaient dans la » marine royale, et n'avaient pas approché de la Bretagne depuis la » révolution ». Madame de *Jaucourt* a trois fils; deux sont dans la marine; le troisième, que j'ai cité, demeure à Rouen, en voici la preuve :

« Je déclare que M. *Pierre-Jean-François Plumard-dè-Rieux*, an- » cien officier au Régiment de Bassigny, domicilié à Rouen, place » S.-Sever, n°. 20, de présent à Chaillot, chez Madame de » *Jaucourt*, sa mère, avait tellement l'estime des royalistes les plus » éprouvés, que je lui adressai à S.-Malo, le 24 décembre 1792, » la *Défense préliminaire de Louis XVI*; que je lui donnai la même » preuve de confiance en 1804, en lui transmettant ainsi qu'à » MM. *R.* de *Fontigny-de-Ligny* et *P.-H. M.-L. Segond*, mes *Ré-* » *flexions* contre le projet d'arrêter M. le duc d'*Enghien*; qu'il se servit

» de ces deux faibles productions pour disposer l'esprit public en faveur
» des deux Princes qui en étaient l'objet, et que je ne mis ces trois
» bons Français dans mon secret que par suite des témoignages una-
» nimes qui leur furent rendus en ma présence, d'un attachement sans
» bornes aux augustes Infortunés dont ma Patrie pleurait l'absence.
» Paris, 12 septembre 1814.

» Rue de Marivaux, n°. 11.   F. N. DE FOULAINES. »

M. de *Rieux* a obtenu de M. *Guélon-Marc* une copie authentique
et manuscrite des deux lettres suivantes, auxquelles le marquis de
Widranges fait allusion, p. 9 de son ouvrage intitulé : *L'un des derniers forfaits de Buonaparte*. L'estime que M. *Guélon-Marc* voue à
M. de *Rieux* et à moi, doit nous consoler de la haine dont M. *Mérand*
honore MM. *Mathieu* (de Compiègne), *Dubois-Dubais*, de *Barruel-
Beauvert*, *Mejan* et moi.

Le public me saura gré de lui offrir dans un seul trait la réunion
de plusieurs actions héroïques. Le dévouement de M. *Guélon-Marc*,
qui *déteste les espions*, réconcilie les misanthropes avec l'espèce hu-
maine. Les réflexions ne pourraient que servir d'ombre à un tableau
qui se compose de *deux Lettres* très-connues dans toute l'Europe,
mais dont les *copies* sont *inexactes* et chargées de détails étrangers à
leur but ; nous transcrivons littéralement *la seule qu'avoue le Décius
Français* ; sa modestie nous accusera, mais notre désir de propager
les vrais principes nous fait oublier la promesse de garder en porte-
feuille deux pièces qui appartiennent à l'Histoire :

I. GUÉLON-MARC, *au Président de la Convention.*

Troyes, 16 décembre 1792.

CITOYEN PRÉSIDENT,

C'est dans l'attente d'un décret qui va décider du sort d'un monarque bienfaisant, que tout Français a droit de manifester librement
son opinion. Quiconque contribuera au triomphe de *Louis* servira
notre patrie.

Des siècles n'ont pu effacer de la mémoire d'une nation généreuse
et éclairée le souvenir de la fin de *Charles Ier*. ; les Anglais prouvent,
par une cérémonie annuelle et expiatoire, qu'ils détestent le régicide
usurpateur.

Si *Louis* périt, la France sera précipitée dans un abîme ; des mil-
lions de bras s'élèveront pour tirer vengeance d'un pareil attentat.
Les puissances étrangères qui ont gardé la neutralité, se coaliseront

pour garantir leurs têtes menacées du même sort ; elles allumeront le flambeau d'une guerre sanglante, et ne l'éteindront que dans le sang du dernier *votant à mort*. L'ombre de *Louis* s'attachera aux pas de tous les Potentats ; ils croiront entendre cet oracle : *Pour votre propre intérêt, ne quittez l'épée qu'après avoir immolé les monstres conjurés contre les souverains.* Que le sacrilége se commette, notre Patrie, livrée à tous les fléaux, n'offrira que des ruines et des cadavres ; au souvenir de son bonheur et de sa gloire succéderont la punition des factieux et le malheur d'une nation étrangère à l'attentat le plus impie.

N'a-t-on pas versé trop de sang au pied de l'arbre de la Liberté ? Qui ne frémirait point à l'aspect de la hache suspendue sur la tête d'un Roi que j'ambitionne de soustraire au prix de la mienne, aux périls dont elle est menacée !

Que n'ai-je l'éloquence ! je m'offrirais à *Louis*, en me plaçant à une respectueuse distance de *Malesherbes*, de *Tronchet* et de *Desèze* ! Des vœux stériles sont un trop faible hommage pour une âme pénétrée d'amour et de fidélité. Des intérêts moins puissans déterminèrent un Romain à sacrifier sa vie à son pays ; *Regulus* courut au-devant du supplice qui l'attendait à Carthage. L'Histoire, qui met les criminels au carcan de l'opinion publique, l'immortalisa.

Jamais la France n'eut de plus grands intérêts à ménager, qu'au moment où l'Univers attend, dans une morne stupeur, l'issue de débats, dont les préliminaires annoncent l'irrévocable projet d'un assassinat. Que la vie de *Louis* soit respectée, et les puissances se prêteront à des accommodemens qui peuvent seuls mener à la paix ; mais si *Louis*..., sa cause sera celle de toutes les têtes ceintes du diadême ; la vengeance concentrée ne sera que plus effrayante dans son explosion, et notre Patrie, comme un vaste cimetière, n'offrira aucune trace des monumens dont le génie des arts et la munificence de nos Rois l'avaient enrichie. Nous serons esclaves, parce que la Liberté ne se plaît qu'à côté de la Justice.

Que la Convention pèse donc, je l'en conjure, au nom de l'éternelle équité, supérieure aux lois nées et à naître, les suites inévitables d'un crime dont le résultat serait de punir l'Innocence pour exhausser vingt de ses *accusateurs*, qui ne peuvent être *plaignans, témoins, législateurs et juges* ; que le *Salut du Peuple*, que la Convention dit être la *Loi suprême*, soit la base du décret qui laisse à *Louis* le droit d'aller avec son auguste Famille, se consoler loin de la terre natale, par le souvenir de ses bienfaits. Ne familiarisez pas un peuple sensible avec l'ingratitude et le sang.

Si, comme l'affirme l'Auteur (1) de la *Défense préliminaire* inédite, « le décret de mort fut porté dans les assemblées électorales, si ce » vote anticipé devint le gage de la nomination », que vos collègues acceptent une victime fière de se dévouer ; que le sang d'un fidèle sujet soit seul versé : *J'offre ma tête pour celle du* MEILLEUR DES ROIS. Que l'ami de la Religion, des mœurs et de l'ordre ; que le soutien du peuple ; que celui qui fit tous les sacrifices personnels ; que le bon époux et le bon père soit libre ; que 25,000,000 d'hommes, dont il fit le bonheur, ne soient pas orphelins ; mais que pour un crime imaginaire, on se contente de la vie d'un citoyen, qui saura mourir, parce que l'échafaud peut être un lit d'honneur ; ses derniers vœux seront : *Gloire à Dieu, fidélité au Roi, prospérité à la France et paix au Monde.*

Étranger à la Cour, je n'ai jamais eu de rapports avec *Louis XVI* ; jamais je n'ai sollicité ni sa faveur ni celle de sa maison, ni celle des dépositaires du pouvoir. Je le chéris et le révère parce que je suis Français, et qu'il serait le plus infortuné des hommes s'il n'était pas le plus vertueux.

Mettez, je vous prie, la présente sous les yeux de la Convention ; elle est l'expression fidèle d'un homme qui n'a prévenu qui que ce soit de sa démarche ; son épouse, son fils, ses plus proches parens, ses amis les plus intimes l'ignorent ; il doit être *seul responsable* de ses suites. Il n'a pris conseil que de son cœur ; il n'a vu que le danger du Père d'un grand peuple, les périls de la Patrie, la sûreté de l'innocence et la crainte d'une tache ineffaçable que le *Tacite* du siècle n'attribuera point à la nation. Le deuil de la France entière, la consternation de tout Paris expriment le *vœu national*. Fût-il légal de le dédaigner, est-il prudent de le contrarier ?

P.-P. GUÉLON-MARC.

II. LETTRE *de* M. LA MOIGNON-MALESHERBES *à* M. GUÉLON-MARC, *en réponse à celle qu'il lui avait transmise le* 23 *décembre, avec copie de l'Adresse précédente.*

J'ai lu, MONSIEUR, avec le plus grand intérêt, la lettre que vous m'avez fait l'honneur de m'écrire le 23 de ce mois, et l'ai mise, le

____

(1) Le publiciste *F.-N.* de *Foulaines.* Il adressait aux royalistes les plus prononcés les pages séparées de son manuscrit, qui ne put être publié que le 24 décembre 1792 (note de M. *Vitale. Voyez* les pages 2 et 3 du *Journal Royal* du 25 janvier 1815, n°. 117 ; *cette feuille*, écrite dans les meilleurs principes ; est rédigée par MM. de *Tardif* et *Chass.*)

jour de sa réception , sous les yeux de *Louis XVI*, avec la copie de votre *Adresse au Président de la Convention*.

Le Roi a éprouvé le plus grand attendrissement en la lisant ; j'ai vu ses larmes baigner ce gage authentique de dévouement. Que n'avez-vous pu être témoin de sa sensibilité, et entendre les expressions de reconnaissance que vous avez si vivement excitée dans le cœur de celui qu'à si juste titre vous nommez *le meilleur* et *le plus juste des Rois !*

S. M. a été d'autant plus pénétrée de la générosité de votre démarche , que jamais vous n'avez sollicité sa bienveillance et n'en avez reçu aucune faveur. Elle n'a point oublié qu'à deux époques mémorables , vous aviez signalé votre amour et votre fidélité par votre inscription sur la liste des ôtages offerts en août 1791 pour obtenir sa liberté , et par une Adresse sur l'affreuse journée du 20 juin suivant (1).

Si son innocence triomphe , Sa Majesté vous comblera des marques de son estime et de sa reconnaissance, et ne croira pouvoir récompenser le service que vous voulez lui rendre au péril de votre vie. Mais s'il devient la victime des projets régicides, si ouvertement manifestés , vous n'échapperez pas à leur fureur, et l'échafaud deviendra l'unique prix d'une action qui n'aura peut-être pas un imitateur, et qui vous consacre à l'immortalité.

Il est bien doux pour moi, au milieu des anxiétés que je partage avec *vous* , avec *mes deux collaborateurs* et avec l'*Auteur* de la *Défense préliminaire* du 24 (2) sur la situation du Monarque , d'être l'interprète des sentimens que vous lui inspirez.

C'est sous ses yeux et en son nom que j'écris. Je ne vous rends que faiblement la vive émotion dont S. M. est pénétrée ; c'est dans son cœur que je vous invite à descendre pour vous en former une juste idée et en sentir tout le prix. Le mien n'est pas moins touché de votre action ; elle vous place au rang des plus grands héros.

Agréez le sincère hommage de mon admiration et de mon inviolable attachement.

Paris, 28 décembre 1792.

MALESHERBES.

---

(1) Dans les temps les plus critiques, **M.** *Guélon-Marc* écrivit avec la même énergie pour obtenir la *mise en liberté* de Madame la *Duchesse d'Angoulême*, et pour *soustraire aux massacreurs quatre-vingts ecclésiastiques* condamnés à la déportation. (*Voyez ses Adresses* en faveur de S. A. R. et de ces déportés, et la réponse du ministre *Roland*. (Note de l'abbé *Emery*, général de la congrégation de S. Sulpice.)

(2) *F.-N.* de *Foulaines*.

Lorsque les Puissances alliées entrèrent à Troyes, elles ordonnèrent que la maison de M. *Guélon-Marc* fût considérée comme le quartier-général ; elles firent afficher au-dessus de sa porte ces mots : « *J'offre* » *ma tête pour celle du meilleur des Rois* ». (*Voyez* Quelques idées sur la Religion, la morale, la constitution de 1814, etc., par *R*. de *Carondeley*, p. 102 ; Du monument élevé à Louis XVI, dans le parc de Versailles, par M. de *Boisjouant*, ancien Garde-du-Corps).

Des listes distribuées et des ouvrages publiés à l'occasion des *votes* émis dans le désastreux procès de *Louis XVI* ont induit le public en erreur sur la véritable nature de celui de M. *Dubois-Dubais*, justifié dans l'ouvrage inédit (1) de M. de *Foulaines*.

Le *journal*, intitulé *le Thé*, a signalé M. *Dubois-Dubais* comme ayant concouru par son *vote* à l'atroce condamnation de *Louis XVI*; cet ancien garde-du-corps réclama contre cette fausse assertion, et démontra qu'il s'y était précisément opposé par l'effet de la condition *expresse* qu'il avait à dessein attachée à ce vote, laquelle condition, outre les avantages qu'elle présentait par elle-même pour le salut d'un bon Roi et pour celui de plusieurs milliers de victimes, devait, en ce qu'elle empêchait encore la guerre, la faire adopter par d'autres votans. Le rédacteur du *Thé*, en insérant la réclamation de M. *Dubois-Dubais* dans son n°. 68 (2), lui répondit que *son motif avait été louable....! et que son appel aux gens de bien lui serait favorable.*

Tout vote avec une condition, quelle qu'elle fût, était de nul effet dès que cette condition n'était point admise, étant cependant inséparables ; le rejet de l'une anéantissait nécessairement l'effet de l'autre : or, la condition que M. *Dubois-Dubais* avait jointe à son vote n'ayant point été et n'ayant même pas pu être admise, parce qu'elle y produisait une opposition en même temps qu'elle en faisait partie intégrante, elle fut, par ce motif, rangée avec tous les autres votes de ce genre dans la classe des votes émis pour la conservation du Prince, c'est-à-dire contre le jugement inique. C'est un fait positif, dont MM. *Dubois-Dubais* et *Bailleul* ont cent moyens d'administrer la preuve. M. de *Barruel-Beauvert* fera cette distinction à la suite de la nomenclature qu'il donne de tous les votes.

Tous les actes de la vie, soit publique, soit privée, n'ont de valeur qu'autant que les conditions, sans lesquelles on ne les aurait pas consentis, sont réciproquement observées. Or, qu'auraient voulu dire

---

(1) *Réponse à un Libelle, intitulé* : Louis XVIII *et sa Constitution.*
(2) Du 4 avril 1797.

MM. *Dubois-Dubais* et *Bailleul* par leurs votes conditionnels, sinon
à telle condition, *telle chose sera*, *autrement nous nous opposons*.

Si, à cette démonstration sans réplique, on ajoute que MM. *Dubois-*
Dubais et *Bailleul* ont voté l'*appel au peuple* et le *sursis*, on sera con-
vaincu qu'ils n'ont concouru au jugement que comme *opposans*; qu'ils
ont été purs d'intention et de fait, et qu'ils ne laissèrent échapper
aucun des moyens les plus propres à détourner le coup qui, en frap-
pant le Père d'un grand peuple, frappait tous ses enfans. MM. de
Barruel-Beauvert et *Mejan* auront égard à ces faits lorsqu'ils donne-
ront les ouvrages que leurs talens et l'importance du sujet font attendre
avec la plus vive impatience.

M. *Mérand* calomnie lorsqu'il avance que M. « *Mathieu*, direc-
» teur des Droits réunis ; *Bodin*, autre Conventionnel, et *Dubois-*
» *Dubais*, ont commis tous les excès dans le département de l'Orne ».
Un témoignage non équivoque, est celui de M. de *Foulaines*, qui
écrivait en 1804 à son vertueux ami, M. *Malouet*, ministre de la
marine, « que ces trois députés avaient, par leur modération et leur
» justice, réparé les désastres occasionnés par le Conventionnel *Ben-*
» *tabole* ».

M. *Danti-de-Villeneuve* (1), en défendant ces trois députés, cite,
avec complaisance, le dévouement des familles *Segond* (2) à Marseille,
et *Aynard* (3) à Lyon. Il est des hommes dont le cœur a besoin d'ac-
cuser ; il en est d'autres qui n'aiment à se reposer que sur des idées
consolantes. M. *Denain* a annoncé que « MM. *Bergasse*, de *Châ-*
» *teaubriand*, de *Levis*, de *Lally-Tollendal*, *Coffin-Rosny*, de
» *Widranges*, *Mejan* et de *Barruel-Beauvert*, s'occupaient d'une
» *Histoire impartiale de la Révolution* ». Ce serait un grand et utile
travail ; il ne pourrait être exécuté par des plumes plus exercées et
plus pures.

Il faut éprouver le besoin de calomnier pour se faire le colporteur
de toutes les bévues qu'on imprime. Où M. *Mérand* a-t-il vu la preuve
« que le 30 mars la Garde nationale de Paris avait crié *vive l'Empereur*
» *Napoléon* » ? où a-t-il acquis la certitude que « la Marquise de *Soucy*

---

(1) L'un des collaborateurs de *Mallet-Dupan* ; il travaillait aussi aux *Actes*
des Apôtres ; son langage ne peut donc être suspect.

(2) Nous avons cité page vi un des fils de M. *Segond*, qui fut au-devant de
tant de sacrifices pour faire respecter les jours de ses concitoyens.

(3) Les Lyonnais ont des droits éternels à la reconnaissance des Français ;
MM. *Aynard* proposèrent les premiers de repousser les hydres que *Collot-*
Herbois menait à sa suite.

» était protégée par le défunt directoire; qu'elle n'avait point accom-
» pagné la *Duchesse d'Angoulême*, et que la cour de Vienne avait
» notifié à Mme. de *Soucy* de ne pas entrer dans les États d'Au-
» triche ? »

J'étais au poste du danger le 30 mars, tandis que M. *Mérand* na-
geait entre deux eaux, au milieu des nouvellistes du café de la Ré-
gence ; M. *Mérand* criait sur la place *Louis XV vive Napoléon*, tandis
que la Garde nationale maintenait l'ordre et favorisait la mesure prise
par le conseil général du département de la Seine. La proclamation de
cette autorité ne fut publiée que le 1er. avril, mais les dispositions en
étaient connues par la Garde nationale, le 28 mars au matin, et cette
garde prit spontanément la résolution de se ranger sous les bannières
de son Roi légitime, et de livrer aux remords l'assassin du duc d'*Enghien*, et le fléau de la jeunesse française.

M. *Mérand* a l'imagination vive, cependant il crée rarement ; la
bévue que nous relevons est servilement copiée dans un pamphlet de
la façon du général *Hulin*, plus célèbre par sa conduite, le 22 mars
1804, au château de Vincennes, que par ses productions littéraires.

Le directoire respectait, mais n'aimait pas Mme. de *Soucy*, qui n'a
quitté la cour de Vienne que par suite de la déclaration de guerre entre
l'Autriche et la France. L'Empereur sentit tous les sacrifices d'une
dame qui se déportait pour n'écouter que l'honneur et sa respectueuse
tendresse pour son auguste Élève. Si M. *Mérand* et l'Auteur d'une
compilation intitulée : *La Fille Louis XVI*, avaient l'honneur de
connaître Mme. de *Soucy*, ils ne se seraient pas inscrits en faux contre
des faits qui honorent des femmes, dans l'âme desquelles avait passé
l'énergie dont nous nous dépouillons à mesure que la terreur la rendait
plus nécessaire.

Paris, 27 janvier 1815.

C. DUTORT-DE-FRÉMAYEL.

Se trouve à Paris,

Chez { PETIT, Libraire, au Palais-Royal, galerie de bois, n°. 257.
{ DAVI et LOCARD, Libraires, rue de Seine, n°. 54, Faubourg S.-Germain.

DE L'IMPRIMERIE DE LEFEBVRE, RUE DE BOURBON, N°. 11, F. S.-G.